CB135639

35
ANOS

BENDITA SEJA A FILHA CRIADA POR UMA VOZ EM SUA CABEÇA

WARSAN SHIRE

Bendita seja a filha criada por uma voz em sua cabeça

Poemas

Tradução

Laura Assis

COMPANHIA DAS LETRAS

Copyright © 2022 by Warsan Shire

Grafia atualizada segundo o Acordo Ortográfico da Língua Portuguesa de 1990, que entrou em vigor no Brasil em 2009.

Título original
Bless the Daughter Raised by a Voice in Her Head: Poems

Capa
Flavia Castanheira, inspirada no design da capa original

Imagem de capa
Natalie Osborne

Preparação
Silvia Massimini Felix

Revisão
Marina Nogueira
Carmen T. S. Costa

Dados Internacionais de Catalogação na Publicação (CIP)
(Câmara Brasileira do Livro, SP, Brasil)

Shire, Warsan
Bendita seja a filha criada por uma voz em sua cabeça : poemas / Warsan Shire ; tradução Laura Assis. — 1ª ed. — São Paulo : Companhia das Letras, 2022.

Título original: Bless the Daughter Raised by a Voice in Her Head: Poems.
ISBN 978-65-5921-193-7

1. Poesia inglesa I. Título.

22-106558 CDD-821

Índice para catálogo sistemático:
1. Poesia : Literatura inglesa 821

Eliete Marques da Silva – Bibliotecária – CRB-8/9380

[2022]
Todos os direitos desta edição reservados à
EDITORA SCHWARCZ S.A.
Rua Bandeira Paulista, 702, cj. 32
04532-002 — São Paulo — SP
Telefone: (11) 3707-3500
www.companhiadasletras.com.br
www.blogdacompanhia.com.br
facebook.com/companhiadasletras
instagram.com/companhiadasletras
twitter.com/cialetras

Sumário

DEUS, VOCÊ ESTÁ AÍ?
ARE YOU THERE, GOD?

TESTAMENTO
TESTAMENT

I was an ugly child
You were an ugly child
We were ugly children.

— Hiromi Itō

Hooyo ma joogto, kabaheeda qaadatay.
Your mother isn't home, she left the house and took
[her shoes.

— *Somali children's lullaby*

Eu era uma criança feia
Você era uma criança feia
Nós éramos crianças feias.

— Hiromi Itō

Hooyo ma joogto, kabaheeda qaadatay.
Sua mãe não está em casa, ela saiu e levou os sapatos.

— Canção de ninar somali

O QUE NÃO TE MATA
WHAT DOESN'T KILL YOU

Extreme girlhood

A loop, a girl born
to each family,
prelude to suffering.

Bless the baby girl,
caul of dissatisfaction,
patron saint of not
good enough.

Are you there, God?
It's me, Warsan.
Maladaptive daydreaming,
obsessive, dissociative.

Born to a lullaby
lamenting melanin,
newborn ears checked
for the first signs of colour.

At first I was afraid, I was petrified.

The child reads surahs each night
to veil her from il
protecting body and home
from intruders.

Menina no extremo

Um ciclo, uma menina nascida
em cada família,
prelúdio de sofrimento.

Bendita seja a menininha,
invólucro de desgosto,
santa protetora do não
foi dessa vez.

Deus, você está aí?
Sou eu, a Warsan.
A sonhadora diagnosticada,
obsessiva, dissociativa.

Nascida ao som do acalanto
lamentando a melanina,
alguém buscou nas orelhas
mínimas algum sinal de cor.

At first I was afraid, I was petrified.

A criança lê suras toda noite
para se resguardar do il,
para proteger corpo e casa
de intrusos.

She wakes with a fright,
someone cutting the rope,
something creeping
deep inside her.

Are you there, God?
It's me, the ugly one.

Bless the Type 4 child,
scalp massaged with the milk
of cruelty, cranium cursed,
crushed between adult knees,
drenched in pink lotion.

Everything you did to me,
I remember.

Mama, I made it
out of your home
alive, raised by
the voices
in my head.

Ela acorda num sobressalto,
há alguém rompendo a corda,
há algo se alastrando
bem lá no fundo.

Deus, você está aí?
Sou eu, a feia.

Bendita seja a criança encrespada,
o cabelo em que é esfregado o leite
da crueldade, o crânio amaldiçoado
esmagado entre joelhos adultos,
encharcado de creme rinse.

Eu me lembro de tudo o que você fez
comigo.

Mãe, eu consegui
sair da sua casa
viva, criada
pelas vozes
da minha cabeça.

Assimilation

We never unpacked,
dreaming in the wrong language,
carrying our mother's fears in our feet—
    if he raises his voice we will flee
    if he looks bored we will pack our bags
unable to excise the refugee from our hearts,
unable to sleep through the night.

The refugee's heart has six chambers.
In the first is your mother's unpacked suitcase.
In the second, your father cries into his hands.
The third room is an immigration office,
your severed legs in the fourth,
in the fifth a uterus—yours?
The sixth opens with the right papers.

I can't get the refugee out of my body,
I bolt my body whenever I get the chance.
How many pills does it take to fall asleep?
How many to meet the dead?

The refugee's heart often grows
an outer layer. An assimilation.
It cocoons the organ. Those unable to grow the extra skin
die within the first six months in a host country.

Assimilação

Nunca desfizemos as malas,
sonhando na língua errada,
carregando os medos maternos conosco por aí —
se ele levantar a voz, vamos fugir
se ele se entediar, vamos arrumar nossas coisas
incapazes de extirpar o refugiado do nosso coração,
incapazes de dormir à noite.

O coração do refugiado tem seis cavidades.
Na primeira, está a mala ainda feita da sua mãe.
Na segunda, seu pai chora com o rosto entre as mãos.
A terceira é uma sala do departamento de imigração,
suas pernas amputadas ficam na quarta,
na quinta, um útero — o seu?
A sexta abre com os documentos certos.

Não tenho como arrancar o refugiado do meu corpo,
tranco meu corpo sempre que posso.
Quantas pílulas são necessárias para adormecer?
Quantas para encontrar os mortos?

No coração do refugiado muitas vezes cresce
uma camada externa. Uma assimilação.
Ela protege o órgão. Aquele incapaz de criar a membrana extra
morre em seis meses no país que o recebeu.

At each and every checkpoint the refugee is asked
are you human?

The refugee is sure it's still human but worries that overnight, while it slept, there may have been a change in classification.

Em todos os postos de verificação, sem exceção, o refugiado é
[questionado:
você é humano?

O refugiado tem certeza de que ainda é humano, mas teme
[que, de um dia para o outro,
enquanto dormia, tenham mudado os critérios.

My loneliness is killing me

He smokes until he sees something
moving in the smoke, remembers
joy like blindness: swimming at Jazeera
Beach, gorging on belonging, barwaaqo,

iftiin. He remembers riding through Suuqa Bakaaraha
on a motorbike, held onto by women with hair
trailing behind them like black smoke.

It's raining in London again, Hassan
Aden Samatar sings from a small, sullen
cassette player in the corner of the room,
tonight no one knows you.

Cidlada ka atkow, Abti— be stronger than your loneliness
Uncle, *steam rises from qaxwo bitter with tears, carefully*
rolling tobacco the same colour as his hands.
He sings along. Alone this time, alone every time.

My loneliness is killing me

Ele fuma até enxergar alguma coisa
se movendo na fumaça, a lembrança
da alegria o cega: nadar na praia de Jazeera,
imerso em pertencimento, barwaaqo,

iftiin. Ele se lembra de cruzar o Mercado Bakaara
numa motocicleta, abraçado por mulheres com cabelos
que ondulavam por trás dele como fumaça negra.

Está chovendo de novo em Londres, a voz de Hassan
Aden Samatar vem de um pequeno e surrado
toca-fitas no canto do cômodo,
essa noite ninguém te conhece.

Cidlada ka atkow, Abti — seja mais forte que a sua solidão,
tio, vapor e lágrimas brotam do qaxwo amargo, com cuidado
enrola o tabaco da mesma cor que suas mãos.
Ele canta junto com a música. Sozinho hoje, sozinho sempre.

Home

I

No one leaves home unless home is the mouth of a shark. You only run for the border when you see the whole city running as well. The boy you went to school with, who kissed you dizzy behind the old tin factory, is holding a gun bigger than his body. You only leave home when home won't let you stay.

No one would leave home unless home chased you. It's not something you ever thought about doing, so when you did, you carried the anthem under your breath, waiting until the airport toilet to tear up the passport and swallow, each mournful mouthful making it clear you would not be going back.

No one puts their children in a boat, unless the water is safer than the land. No one would choose days and nights in the stomach of a truck, unless the miles travelled meant something more than journey.

No one would choose to crawl under fences, beaten until your shadow leaves, raped, forced off the boat because you are darker, drowned, sold, starved, shot at the border like a sick animal, pitied. No one would choose to make a refugee camp home for a year or

Casa

I

Ninguém deixa a própria casa a menos que a casa seja a boca de um tubarão. Você só corre para a fronteira quando vê toda a cidade correndo também.
O rapaz com quem você estudou, aquele que te deu um beijo desajeitado atrás da velha fábrica de estanho, agora segura uma arma maior que o próprio corpo. Você só deixa o lar quando o lar não te deixa ficar.

Ninguém deixaria a própria casa a menos que ela o perseguisse. Não é algo que você alguma vez já tenha pensado em fazer. Então, quando fez, levou consigo o hino disfarçado num murmúrio, esperando chegar ao banheiro do aeroporto para rasgar o passaporte e engoli-lo, cada pedaço de melancolia mastigado deixava claro que você não voltaria jamais.

Ninguém põe os filhos num barco a menos que a água seja mais segura que a terra. Ninguém escolheria passar dias e noites no estômago de um caminhão a menos que os quilômetros percorridos significassem mais que uma viagem.

Ninguém escolheria rastejar por baixo de cercas, ser espancada até a alma deixar o corpo, ser estuprada, ser forçada a sair do barco porque é escuro demais, se afogar, ser vendida, passar fome, ser alvejada na fronteira como um animal doente, por piedade. Ninguém escolheria ter um

two or ten, stripped and searched, finding prison everywhere. And if you were to survive, greeted on the other side— Go home Blacks, dirty refugees, sucking our country dry of milk, dark with their hands out, smell strange, savage, look what they've done to their own countries, what will they do to ours?

The insults are easier to swallow than finding your child's body in the rubble.

I want to go home, but home is the mouth of a shark. Home is the barrel of a gun. No one would leave home unless home chased you to the shore. No one would leave home until home is a voice in your ear saying— leave, run, now. I don't know what I've become.

II

I don't know where I'm going. Where I came from is disappearing. I am unwelcome. My beauty is not beauty here. My body is burning with the shame of not belonging, my body is longing. I am the sin of memory and the absence of memory. I watch the news and my mouth becomes a sink full of blood. The lines, forms, people at the desks, calling cards, immigration officers, the looks on the street, the cold settling deep into my bones, the English classes at night, the distance I am from home. Alhamdulillah, all of this is better than

acampamento de refugiados como lar durante um ano ou dois ou dez, ser despida e revistada, dar de cara com a prisão por todos os cantos. E caso sobrevivesse, do outro lado ouvir os gritos: *Voltem para casa, negros, refugiados imundos, sugando e secando as tetas do nosso país, esses pretos com as mãos estendidas, cheirando mal, esses selvagens, vejam o que fizeram com seus próprios países, imaginem o que farão com o nosso?*

É mais fácil engolir os insultos que encontrar o corpo do seu filho nos escombros.

Eu quero ir para casa, mas minha casa é a boca de um tubarão. Minha casa é o cano de uma arma. Ninguém deixaria a própria casa a menos que a casa o escorraçasse para a costa. Ninguém deixaria a própria casa até o momento em que a casa se tornasse uma voz no seu ouvido dizendo: *fuja, corra, agora. Eu não sei o que me tornei.*

II

Não sei para onde estou indo. O lugar de onde vim está desaparecendo.
Não sou bem-vinda. Minha beleza não é beleza aqui. Meu corpo está queimando de vergonha por não pertencer, meu corpo está inquieto. Eu sou o pecado da memória e a ausência da memória. Assisto ao noticiário e minha boca se torna uma pia cheia de sangue. As linhas, as formas, as pessoas nos balcões. os cartões telefônicos, os agentes de imigração, os olhares na rua, o frio se assentando profundamente dentro dos meus ossos, as aulas de inglês à noite, a distância a que estou de casa. Alhamdulillah, tudo

the scent of a woman completely on fire, a truckload of men who look like my father— pulling out my teeth and nails. All these men between my legs, a gun, a promise, a lie, his name, his flag, his language, his manhood in my mouth.

isso é melhor que o cheiro de uma mulher em chamas dos pés à cabeça, um caminhão cheio de homens que se parecem com meu pai — arrancando meus dentes e unhas. Todos esses homens entre as minhas pernas, uma arma, uma promessa, uma mentira, o nome dele, a bandeira dele, a língua dele, a masculinidade dele na minha boca.

Bless Maymuun's mind

Maymuun only just began her prescription of sertraline 6 weeks ago, 50 mg daily to be upped to 100 mg if she still can't live like this. Maymuun smells jasmine suddenly and then nothing. Maymuun dreams of things to come. Maymuun spits and steam rises from that spit. The doctor won't know about the voices or her hands raw from washing. She imagines she will die here, alone, far from home. Maymuun calls family every month; salaams and confirmation of money order. Calling cards with images of leopards running through the Serengeti. A lone baobab tree, a single resting lion. The phone warms the side of her face like the sun. She listens to the clamouring voices, oh how blessed she is, how proud they are, how all their hopes depend on her, how walahi, all their dreams lie at her feet.

Bendita seja a mente de Maymuun

Maymuun começou o tratamento com sertralina apenas seis semanas atrás, 50 mg por dia, que podem subir para 100 mg se ainda for impossível viver assim. Maymuun sente cheiro de jasmim, que de repente desaparece. Maymuun sonha com as coisas que virão. Maymuun cospe e um vapor sobe da sua saliva. O médico não vai ficar sabendo das vozes ou das mãos em carne viva de tanto se lavar. Ela imagina que morrerá aqui, sozinha, longe de casa. Maymuun liga para a família todo mês; salaams e confirmação da ordem de pagamento. Cartões telefônicos com imagens de leopardos correndo pelo Serengeti. Um baobá solitário, um leão descansando sozinho. O telefone é como um sol esquentando um lado do seu rosto. Ela escuta as vozes clamando, oh, como ela é abençoada, como eles estão orgulhosos, como todas as suas esperanças dependem dela, como, walahi, todas os sonhos deles estão aos seus pés.

Dahabshiil sends blessings

She calls the dead, long-distance,
from a booth inside an Internet café,
coin-sized burns on both her wrists,
unable to imagine a life unbound
from statelessness or a soul untethered
from the Home Office. Indignity sits
slack-jawed with an indefinite leave
to remain, awaiting papers far into
the afterlife. Still, she promises
to send money.

Dahabshiil envia suas bençãos

Ela liga para os mortos de muito longe,
de dentro da cabine de um cibercafé,
queimaduras que parecem moedas nos pulsos,
incapaz de imaginar uma vida desgarrada
da falta da pátria ou uma alma desligada
do departamento de imigração. A indignidade,
boquiaberta, tem licença indefinida
para permanecer, enquanto aguarda documentos
na vida após a morte. Ainda assim, ela promete
enviar dinheiro.

Bless the bulimic

Insolent youth, spent
on my knees, sleep deprived,
sick, forgive me my prayers
to the God of thin women,
Istagfirullah, Ya Allah *of jutting*
ribs, forgive me please,
famine back home.

Bendita seja a bulímica

Juventude insolente, passada
de joelhos, dormindo pouco,
doente, perdoe minhas orações
ao Deus das mulheres magras,
Istagfirullah, Ya Allah das costelas
aparentes, perdoe-me, por favor,
fome que assola minha terra.

Bless the ghost

I

My mother transported it
on her skin, shroud
circling her skull, matter
under her nails.

Her gynaecologist thought
he saw something
between speculum and
cervix.

While she reads, it laps at her feet
like fire, she feels it sleeping
between them.

In the shower, it lathers her back
sometimes embracing her
from behind, weighing
her down.

She never meets its gaze,
thankful it keeps her warm.

II

Odour of unknown origin,
she washes her hair, smoke

Bendito seja o fantasma

I

Minha mãe o transportou
na pele, mortalha
circundando seu crânio, matéria
sob suas unhas.

Seu ginecologista pensou
ter visto algo
entre o espéculo e
o colo do útero.

Enquanto ela lê, ele deita a seus pés
como fogo, ela o sente dormindo
entre eles.

No banho, ele faz espuma nas costas dela
às vezes a abraça
por trás, fazendo-a curvar-se
até o chão.

Ela nunca o olha nos olhos,
mas é grata porque ele a aquece.

II

Odor de origem desconhecida,
ela lava os cabelos, fumaça

of unseen fire— memory smuggled
deep inside dreams lush with grief,
stowed in her blood— an unrung bell,
an uncalled prayer, bless this child
born on sorrow's palm.

She recalls a time they worshipped
birds, kingdom of myrrh, damp
hands working her breast for lumps,
steam marbling her reflection.

To call her is to hear its wet breath
in the back, keeping track of the dead
children of Somalia, culled by war
and the white gloved hand of Europe.

She unfolds a small silk scarf,
to catch a tear, were it to fall
as dictators fall.

de fogo que ninguém vê — memória contrabandeada
no fundo de sonhos cobertos de luto,
guardada em seu sangue — um sino não tocado,
uma oração sem chamado, bendita seja essa criança
nascida na palma da mão da tristeza.

Ela se lembra de um tempo em que veneravam
pássaros, reino da mirra, mãos úmidas
procurando nódulos em seus seios,
vapor esmaecendo seu reflexo.

Ligar para ela é ouvir a respiração úmida
ao fundo, monitorando as crianças
mortas na Somália, abatidas pela guerra
e pela mão de luva branca da Europa.

Ela desdobra um pequeno lenço de seda
para enxugar uma lágrima, quem dera
essa lágrima caísse como os ditadores caem.

Drowning in Dawson's Creek

Lately, the dreams have been different.
Something chasing me naked and blood-footed
through the woodland, something with strong arms
holding my head under cold creek water.

When the fishermen discover my carcass, the coroner
examining my corpse (bleached from submersion)
identifies my cadaver as Caucasian.

When I was twelve or thirteen and mad
with loneliness, I dreamed of white boys and
ladders leading to bedroom windows.
I dreamed all night of their scurrying, climbing
in and out of me.

For Pacey Witter I would hitchhike Capeside.
For his plaid embrace,
I was willing to disown myself.

The remains of a murdered Somali woman were found in Lewis County, Washington State, in 2010, and for a decade, her body was misidentified as Caucasian Jane Doe.

Afogamento em *Dawson's Creek*

Ultimamente, os sonhos têm sido diferentes.
Alguma coisa me persegue, eu nua e com os pés sangrando
bosque adentro, alguma coisa com braços fortes
segura minha cabeça sob a água fria do riacho.

Quando os pescadores descobrem minha carcaça, o legista
examina meu corpo (desbotado pelo afogamento)
e identifica meu cadáver como caucasiano.

Quando eu tinha doze ou treze anos e estava louca
de solidão, sonhava com meninos brancos e
escadas que davam em quartos com janelas.
Sonhava a noite inteira com eles, escalando e correndo
para dentro e fora de mim.

Por Pacey Witter, eu teria ido de carona até Capeside.
Para me aninhar na sua camisa xadrez,
eu estava disposta a renunciar a mim mesma.

Os restos mortais de uma mulher somali assassinada foram encontrados em Lewis County, no estado de Washington, em 2010. Por uma década, seu cadáver foi identificado incorretamente como o de uma mulher caucasiana desconhecida. (Todas as notas são da autora.)

Bless the qumayo

who upon hearing news of a girl
child, lit torches of contempt to welcome
us onto this planet, stalking us
through our mothers' birth canals,
ululating, born on the month of isku
xishood— have some shame— *the goat*
slit from ear to ear. God help those
who gossip on the phone after Maghrib,
tallying the sluts of the family, the
sainted sharmuto, guessing
whose hymen fizzes after dark,
pink fading to black, what shadow
cast from our flag of dishonour,
verily your life is brimming
with sorrow, we've witnessed
love slowly abandon you, still,
we pray you find healing, bitch.

Bendita seja a qumayo

que, ao saber da chegada de uma menina
ao mundo, acende tochas de desprezo
para nos receber, nos vigiando no caminho
para fora do útero de nossas mães,
ululando, aquela nascida no mês de isku
xishood — *crie vergonha* — a cabra imolada,
garganta cortada de uma orelha à outra. Deus ajude aquelas
que fofocam ao telefone depois da Maghrib,
listando as vadias da família, a
sharmuto santificada, adivinhando
qual hímen borbulha ao anoitecer,
qual escureceu, a sombra que
faz a bandeira da nossa desonra,
a verdade é que sua vida está transbordando
de tristeza, nós testemunhamos
o amor sair do seu corpo aos poucos, e ainda assim
rezamos pela sua salvação, puta.

Lullaby for father

Soo bari, aabo, inside your dream
nests a devoted woman singing
a song you once heard, the words of which you

almost recall before she is beheaded.
Your children are distant galaxies emitting
light that keeps you up. Rest your body, aabo,
heavy with distention, dreams lost in translation,

dreams of drifting in space, the rings of Saturn
around the neck of Layla, dreams macerated
under grief 's gaze. Bless your drowsy blue slumber,
swayed by the patron saint of restlessness,

distilled in darkness, buoyed into sleep,
you hang on the edge of the moon, brown hands
dissolving like demerara, teeth loosen and float
out of your mouth like small bodies.

Acalanto para o pai

Soo bari, aabo, em seu sonho
vive uma mulher devota cantando
uma canção que você já ouviu, as palavras das quais você

quase se lembra antes de ela ser decapitada.
Seus filhos são galáxias distantes emanando
a luz que te mantém aceso. Descanse, aabo,
o peso do corpo inchado, sonhos perdidos na tradução,

sonhos de vagar pelo espaço, os anéis de Saturno
enlaçados no pescoço de Layla, sonhos macerados
pelo olhar da dor. Abençoado seja seu torpor sonolento e azul
embalado pelo santo protetor da aflição,

destilado em escuridão, boiando dentro do sono,
você se pendura na beira da lua, as mãos escuras
se dissolvendo como demerara, desgarrados da sua boca
seus dentes flutuam como planetas menores.

Filial cannibalism

From time to time
mothers in the wild
devour their young,
an appetite born of
pure, bright need.
Occasionally,
mothers from ordinary
homes, much like our
own, feed on the viscid
shame their daughters
are forced to secrete
from glands formed
in the favour of men.

Canibalismo filial

De vez em quando,
na natureza, as mães
devoram suas crias,
um apetite nascido da
pura e simples necessidade.
Eventualmente,
mães de lares comuns,
muito parecidos com os nossos,
se alimentam da vergonha
viscosa que suas filhas
são forçadas a expelir
de glândulas formadas
por culpa dos homens.

Bless your ugly daughter

She knows loss intimately.
A child relatives avoided,
felt like splintered wood, smelled
of sea water, she reminded them
of thirst, of war.

As an infant forced to gargle rosewater,
smoked in uunsi to purify her of whatever
unclean thing she inherited.

Your daughter is covered in it.
Her teeth are small colonies,
her stomach is an island,
her thighs are borders.

So few will want to lay down
and watch the world burn
from their bedroom.

Your daughter's face is a small riot,
her hands are a civil war,
she has a refugee camp tucked
behind each ear, her body is a body littered
with ugly things

but God,
doesn't she wear
the world well.

Bendita seja sua filha feia

Ela conhece bem a perda.
Uma criança que os parentes evitavam,
a sensação da madeira lascada, o cheiro
de água do mar, ela os fazia lembrar
da sede, da guerra.

Quando criança era forçada a gargarejar água de rosas,
defumada em uunsi para purificá-la de qualquer que fosse
a coisa impura por ela herdada.

A sua filha está coberta dessa coisa.
Seus dentes são pequenas colônias,
seu estômago é uma ilha,
suas coxas são fronteiras.

São muito poucos aqueles que se deitariam
e assistiriam ao mundo queimar
do próprio quarto.

O rosto da sua filha é um pequeno motim,
suas mãos são uma guerra civil,
ela tem um campo de refugiados alojado
atrás de cada orelha, seu corpo é um corpo coberto
de coisas feias

mas, meu Deus,
não é que o mundo
cai bem nela?

THIS IS NOT A LOVE SONG

THIS IS NOT A LOVE SONG

Midnight in the foreign food aisle

Dear Uncle, is everything you love foreign
or are you foreign to everything you love?
We're all animals and the body wants what
it wants, trust me, I know. The blonde said
Come in, love, take off your coat, what do
you want to drink?

Love is not haram but after years of fucking
women who are unable to pronounce your name,
you find yourself totally alone, in the foreign
food aisle, beside the turmeric and saffron,
remembering your mother's warm, dark hands,
prostrating in front of the halal meat, praying in a
language you haven't used in years.

Meia-noite na seção de comida estrangeira

Querido tio, será que tudo que você ama é estrangeiro
ou será que você é estrangeiro para tudo que ama?
Acredite, sei que somos animais e que o corpo tem razões
que a própria razão desconhece. A loira diz
Entra, amor, tira o casaco, o que você
quer beber?

O amor não é haram, mas depois de anos fodendo
com mulheres que não conseguiam pronunciar seu nome,
você se vê completamente sozinho, na seção
de comida estrangeira, entre a cúrcuma e o açafrão,
lembrando das mãos quentes e escuras de sua mãe,
prostrado diante da carne halal, rezando em uma
língua que você não usava havia anos.

Are you afraid of the dark?

My mother is an olm
born without eyes
thriving in the dark
rare and translucent
sustained by so little.

Você tem medo do escuro?

Minha mãe é uma salamandra
nascida sem olhos
crescendo no escuro
rara e translúcida
se equilibrando por um triz.

Photographs of hooyo
(HARLESDEN, 1990-2000)

1990

Hooyo exiting her
bedroom, tears in
her eyes, sorrow in her
colostrum, her real name
hiding from the government
in the plumes of uunsi smoke
behind her.

1993

Hooyo in the kitchen,
head bent in front of
her own personal Kaaba,
feverishly repeating ameen
in every pause, playing cassettes
sent from back home, ayeeyo's
grainy voice reciting duaa.

1994

Hooyo in the living room,
wearing a banana print diraac

Fotografias de hooyo

(HARLESDEN, 1990-2000)

1990

Hooyo saindo de seu
quarto, lágrimas em
seus olhos, tristeza em seu
colostro, seu verdadeiro nome
escondido do governo
nas espirais da fumaça de uunsi
por detrás dela.

1993

Hooyo na cozinha,
cabeça curvada diante de
sua Caaba particular,
repetindo *amém* com fervor
a cada pausa, ouvindo as fitas cassete
enviadas de casa,
a voz granulada da ayeeyo
recitando a duaa.

1994

Hooyo na sala de estar
vestindo um diraac com estampa de bananas,

singing her own raspy rendition
of Tracy Chapman's 'Mountains
O' Things'— justadi obadi one time.
Olive oil in her Bantu knots, henna
drying on her hands.

1998

Hooyo standing under the apple
tree in my aunt's garden, her hair
cut short, wearing a cream trouser
suit and six small hoops in each ear,
she is looking up at the sky, overlined
lips slightly open.

2000

Hooyo in bed, holding negatives up
to the light, squinting at undeveloped ghosts,
names of the dead thrown behind her
like salt, her atrophied youth in storage,
mumbling Magool under her breath,
war flaying Somalia alive.

cantando sua versão rouca de
"Mountains o' things", de Tracy
Chapman — *justadi obadi one time.*
Azeite em seus coquinhos Bantu, hena
secando em suas mãos.

1998

Hooyo de pé sob a macieira
no quintal de minha tia, os cabelos
curtos, vestindo calça marfim
e seis argolinhas em cada orelha,
ela está olhando para o céu, lábios
delineados ligeiramente abertos.

2000

Hooyo na cama, segurando negativos
contra a luz, buscando fantasmas não revelados,
nomes de mortos jogados como sal atrás de
seus ombros, sua juventude atrofiada em caixas,
cantarolando Magool bem baixinho,
a guerra esfolando a Somália viva.

Bless the camels

Bless those rare visits with father
in that halfway home shared with bereft men,
faint with the sweet, unsaintly scent of mildew.

At night, the Lord's lonely moon sliced through the room
illuminating our small faces, held captive to spinning stories,
his voice almost sonar, crackling deep in our chests.

We slept peacefully, after blessing the village he was born in,
the camels he slept beside, the deserts he wandered,
the stars he laid beneath, the hyenas' laughter in the wind,
son of a nomad, we slept peacefully after blessing him.

Benditos sejam os camelos

Benditas sejam aquelas raras visitas ao pai
no abrigo que ele dividia com homens desvalidos,
entorpecidos pelo doce e profano cheiro de mofo.

À noite, a lua solitária do Senhor invadia o quarto
iluminando nossos pequenos rostos presos em histórias sem
[fim, inventadas,
a voz dele era quase um sonar, crepitando profundamente
[dentro de nós.

Dormíamos em paz, depois de rezar pelo vilarejo onde ele
[nasceu,
pelos camelos ao lado dos quais ele dormiu, pelos desertos
[por onde vagou,
pelas estrelas por baixo das quais se deitou, o riso das hienas
[ao vento,
filho de um nômade, dormíamos em paz depois de rezar por ele.

Glitter on the mouth of boys

The girls watch from beyond the glass as the boys ride BMX bikes
[like God
flicked them with God's middle finger. Front wheel in the air, a salute.

Rage ferments like camel milk, rage appears like mist. The girls hang
their torsos out of windows, watching boys skinning gold teeth,
[gleaming

24kt. Bless the glitter on the mouth of boys. Bless their dilated eyes.
Bless their topless bodies, smelling like outside. Bless

the soft interior of boys, velvet darkness expanding,
fading into smoke.

Brilho na boca dos meninos

As meninas observam por trás do vidro os meninos andando
[de bicicleta, como se Deus
tivesse mostrado o dedo do meio para eles. A roda dianteira
[no ar, a glória.

A fúria fermenta como leite de camelo, a fúria se eleva como
[névoa. As meninas se penduram
nas janelas e assistem meninos exibindo dentes de ouro,
[reluzindo

em 24 quilates. Bendito seja o brilho na boca dos meninos.
[Benditos sejam seus olhos dilatados.
Benditos sejam seus corpos sem camisa, com o cheiro da rua.
[Bendito seja

o interior macio dos meninos, a escuridão de veludo se
[expandindo,
sumindo na fumaça.

Unbearable weight of staying

I don't know when love became elusive.
My mother's laughter in a dark room.

What I know is that no one I knew had it.
My father's arms around my mother's neck.

A door halfway open.
Fruit too ripe to eat.

O insuportável peso de ficar

Eu não sei quando o amor se tornou impreciso.
A risada da minha mãe num quarto escuro.

O que sei é que ninguém que eu conhecia tinha.
O braço do meu pai em volta do pescoço da minha mãe.

Uma porta meio aberta.
Fruta madura demais para comer.

Absolutely fabulous

Chain-smoking under ill-formed
halos. Dark areolas blinking under
leopard print diraac. Car crash
of a life; a car outside with the engine
running.

Memories reach out of walls
dragging her by the hair. Baati
caught on door handles, pulling
her through time. At night her silk scarf
slips around her neck like a noose.

Bless her companions, their unhinged dreams
of luxury. Gazelles teetering in heels, careening
into mania. Diets of excess, deep allegiance
to the adage 'If you don't laugh, you'll cry.'
And they laugh so hard they weep.

Absolutamente fabulosas

Um cigarro atrás do outro sob halos
deformados. Aréolas escuras piscam
sob a estampa de onça do diraac. O maior
desastre da vida; um carro lá fora e o motor
ligado.

As memórias brotam das paredes
arrastando-a pelos cabelos. O baati
agarra nas maçanetas, puxando-a
através do tempo. À noite, a echarpe de seda
desliza em seu pescoço como forca.

Bendita seja sua corja, seus sonhos desvairados
de luxo. Gazelas se equilibrando nos saltos, cambaleando
loucamente. Dietas rigorosas, sempre muito
leais ao ditado *"É rir pra não chorar"*.
E riram tanto que choraram.

Hooyo full of grace

Paradise lies under the feet of your mother.
— *Prophet Mohammed* (*Peace be upon him*)

Goddess of absence, Holy Mother,
Our Lady of Leaving Children
With Strangers, patron saint of

the babies will raise themselves.
Our distant orb, our cold womb.
Breastmilk of our discontent.

Infants swaddled in blood, the bees
bring messages of postpartum grief.
Your girlhood an incubation for madness.

Under your feet, the trapdoor to heaven
opens its mouth, its teeth
grazing your toes.

Hooyo cheia de graça

O paraíso está sob os pés da sua mãe.
— Profeta Maomé (que a paz esteja com ele)

Deusa da ausência, Santa Mãe,
Nossa Senhora das Crianças Deixadas
Com Estranhos, santa protetora do ditado

os bebês vão se criar a si próprios.
Nossa órbita distante, nosso ventre frio.
Leite materno da nossa insatisfação.

Crianças embrulhadas em sangue, as abelhas
trazem mensagens de luto pós-parto.
Tua infância, uma preparação para a loucura.

Debaixo dos teus pés, o alçapão para o céu
abre a boca, e os dentes
roçam teus dedos.

My father, the astronaut

If the moon was Europe, my father was an astronaut who died on his way to the moon.
My father, the failed moonwalker, blinded by space. My father, the Black cosmonaut, frenzied
by thirst. My father who heard the voice of God, clear as the call to prayer, suspended in that dark desert.
My father who wore a spacesuit slashed by longing, spinning towards the vast desolate.
On a night when the angels have drawn back their wings, you may glimpse my father
hurtling through space, his body carried by gravity's absence, blood collecting in his head,
his tears pink, gelatinous clots, unable to fall.

Meu pai, o astronauta

Se a Lua fosse a Europa, meu pai seria um astronauta que
[morreu a
caminho da Lua.
Meu pai, o homem que não pisou na Lua, cegado pelo
[espaço. Meu pai, o
cosmonauta negro, desvairado
de sede. Meu pai, que ouviu a voz de Deus, nítida como o
[chamado à
oração, suspensa naquele deserto escuro.
Meu pai, que usava um traje espacial cortado pelo desejo,
[girando em direção
à vasta desolação.
Numa noite em que os anjos recolherem suas asas, você pode
ter um vislumbre de meu pai
se lançando pelo espaço, seu corpo sendo levado pela
[ausência da gravidade, sangue
se acumulando em sua cabeça,
suas lágrimas cor-de-rosa, coágulos gelatinosos, incapazes de
[cair.

Saint hooyo

Hooyo with a beauty mark
above her lip, qibla,
Hooyo dyes her hair in the sink.
Hooyo knows someone's been watching
porn on the family computer.
Hooyo doesn't call your bluff.
Hooyo saw you climb out of that man's car last night.
Hooyo found your stash.
Hooyo sees you sinking, swimming with the orcas.
Hooyo prays for your salvation.
Hooyo understands your stump of a tongue.
Hooyo saw the blood.

Hooyo, patron saint of
  my children have different passports to me.
Hooyo, blessed saint of
    raising them too far from home.

  I don't recognise my own children
    they speak and dream in the wrong language
      as much as I understand
        it may as well be the language of birds.

Santa hooyo

Hooyo com uma pinta
acima do lábio, qibla,
Hooyo tinge o cabelo na pia.
Hooyo sabe que alguém tem assistido
pornografia no computador da casa.
Hooyo não paga para ver.
Hooyo te viu saindo do carro daquele cara na noite passada.
Hooyo encontrou teu esconderijo.
Hooyo te vê afundando, nadando com orcas.
Hooyo reza pela tua salvação.
Hooyo nota que o gato comeu tua língua.
Hooyo viu o sangue.

Hooyo, nossa senhora de
meus filhos têm passaportes diferentes do meu.
Hooyo, bendita santa de
eles estão sendo criados muito longe de casa

Eu não reconheço meus próprios filhos
eles falam e sonham na língua errada
por mais que eu entenda
daria no mesmo se fosse a língua dos pássaros.

Bless our CCTV star

Ma'am / is that your brother /
being breastfed / by hooded
goons / are those your brother's
teeth / caught on speed cameras /
eroding in real time / is that your
brother's face / marred by pixelation /
you say you're able to recognise
him / from any distance / and from this distance
you say the figures appeared to be /
swaying / under the moon's cordial light? /
And you say one of those dark
figures / may have been Azrael /
with his scythe tucked / under his
chin / like a violin / and the notes
he played / you say you already
heard in a dream?

In Islam, Azrael is the angel of death who separates souls from their bodies.

Bendito seja nosso astro do circuito interno de TV

Senhora / será que esse aqui é seu irmão /
sendo amamentado / por capangas
encapuzados / seriam esses os dentes do seu
irmão / flagrados nas câmeras do radar /
se deteriorando em tempo real / então essa é a
cara do seu irmão / distorcida pelos pixels /
você diz que poderia reconhecê-lo /
a qualquer distância / e dessa distância
você diria que os vultos parecem estar /
se balançando / sob a luz cordial da lua? /
E você diria que uma daquelas figuras
escuras / pode ter sido Azrael /
com sua foice enfiada / sob o
queixo / como um violino / e as notas
que ele tocou / então você diz já ter
escutado num sonho?

No islamismo, Azrael é o anjo da morte que separa corpo e alma.

Joyride

In your sleeping mother's car,
warm as cattle, you and your mates
huddle in ill light, to her heartbreak.

Bless the mandem, stunted children
squinting, overexposed, silver
teeth catching each glint, smoke

weeping from dark, perfect lips.
Your tired mother turns in her veneer
of sleep, dreaming in the scent of jasmine.

Speed cameras track your escape from tunnels
of youth. An animal standing on hind legs
pretending to understand why it must die.

The flashlight taps the window.

Rolê

No carro da sua mãe adormecida,
como gado que se aquece, você e seus amigos
se aglomeram sob a luz fraca, para desgosto dela.

Bendita seja essa corja, crianças mirradas
buscando, superexpostas, a prata nos dentes
reluzindo a cada lampejo, fumaça

vertendo de lábios escuros e perfeitos.
Sua mãe, cansada, se vira em seu véu
de sono e sonha com o cheiro de jasmim.

Os radares de velocidade rastreiam sua fuga dos túneis
da juventude. Um animal de pé sobre as patas traseiras
fingindo entender por que tem de morrer.

A lanterna bate na janela.

Backwards

The poem can start with him walking backwards into a room.
He takes off his jacket and sits down for the rest of his life,
that's how we bring Dad back.
I can make the blood run back up my nose, ants rushing into a hole.
We grow into smaller bodies, my breasts disappear,
your cheeks soften, teeth sink back into gums.
I can make us loved, just say the word.
Give them stumps for hands if even once they touched us without
[consent,
I can write the poem and make it disappear.
Step-dad spits liquor back into glass,
Mum's body rolls back up the stairs, the bone pops back into place,
maybe she keeps the baby.
Maybe we're okay, kid?
I'll rewrite this whole life and this time there'll be so much love,
you won't be able to see beyond it.

You won't be able to see beyond it,
I'll rewrite this whole life and this time there'll be so much love.
Maybe we're okay, kid,
maybe she keeps the baby.
Mum's body rolls back up the stairs, the bone pops back into place,
Step-dad spits liquor back into glass.
I can write the poem and make it disappear,
give them stumps for hands if even once they touched us without
[consent,

Em reverso

O poema pode começar rebobinando-o até o quarto.
Ele tira o casaco e fica sentado ali pra sempre,
é assim que a gente traz o pai de volta.
Posso fazer o sangue tornar ao meu nariz como formigas
[voltando prum buraco.
Nossos corpos ficam menores, meus seios desaparecem,
Suas bochechas ficam macias, seus dentes retornam à gengiva.
É só falar e eu faço com que a gente tenha sido amada.
Corto fora a mão rejeitada que nos tocava sem permissão,
posso escrever o poema e fazer tudo isso desaparecer.
O padrasto cospe a cachaça de volta na garrafa,
o corpo da mãe rola escada acima, o osso dela se encaixa no
[lugar,
talvez assim ela não perca o bebê.
Talvez assim, mana, a gente fique bem?
Vou reescrever nossa vida toda e vai ter tanto amor dessa vez,
que você não vai enxergar nada além.

Você não vai enxergar nada além.
Vou reescrever nossa vida toda e vai ter tanto amor dessa vez.
Talvez assim, mana, a gente fique bem,
talvez assim ela não perca o bebê.
O corpo da mãe rola escada acima, o osso dela se encaixa no
[lugar,
o padrasto cospe a cachaça de volta na garrafa.
Posso escrever o poema e fazer tudo isso desaparecer.
Corto fora a mão rejeitada que nos tocava sem permissão.

I can make us loved, just say the word.
Your cheeks soften, teeth sink back into gums,
we grow into smaller bodies, my breasts disappear.
I can make the blood run back up my nose, ants rushing into a hole,
that's how we bring Dad back.
He takes off his jacket and sits down for the rest of his life.
The poem can start with him walking backwards into a room.

é só falar e eu faço com que a gente tenha sido amada.
Suas bochechas ficam macias, seus dentes retornam à gengiva,
nossos corpos ficam menores, meus seios desaparecem.
Posso fazer o sangue tornar ao meu nariz como formigas
[voltando prum buraco,
é assim que a gente traz o pai de volta.
Ele tira o casaco e fica sentado ali pra sempre.
O poema pode começar rebobinando-o até o quarto.

Bless the real housewife

Blessed be those who sit and wait
so hooyo sits, waiting for him to die.

Calcifying her one human body, staying
for the sake of the kids, then staying
for the sake of staying, enduring,
abstaining, waiting for the angel of death.

She explains how much harder it is to leave
the second marriage, that she doesn't want to
raise children the way she had to raise us,
and What would people say?

I ask What if you die while you're waiting?

In a recurring dream,
the one where she's driving alone at dawn
along a dirt road, passing by grazing camels,
her braid coming loose in the breeze, the sun
lifting its skirt, a peaceful Somalia in her rearview.
She thinks of this, and laughs.

Bendita seja a verdadeira mulher do lar

Benditos sejam aqueles que sentam e esperam,
então hooyo senta e espera que ele morra.

Enquanto calcifica o único corpo que tem, ela fica
pelo bem das crianças, depois fica
pelo bem de ficar, permanecendo,
se abstendo, esperando o anjo da morte.

Ela explica como é mais difícil terminar
um segundo casamento, que ela não quer
criar as crianças do jeito que precisou nos criar,
e *O que as pessoas iriam dizer?*

Pergunto *E se você morrer enquanto espera?*

Num sonho recorrente,
aquele em que ela dirige sozinha ao entardecer
ao longo de uma estrada de terra, margeando pastos de
[camelos,
sua trança se desfazendo na brisa, o sol
se desnudando, uma Somália em paz no retrovisor.
Ela pensa nisso e ri.

DEUS, VOCÊ ESTÁ AÍ?
ARE YOU THERE, GOD?

Hooyo isn't home

AFTER IDRA NOVEY

When we were 5, 6 or 7.
When the war back home wouldn't end.
While our mothers were sleeping.
While our milk teeth were forced down our gullets.
Before Israfil puckered his lips and let out a breath.
Before areolas spread like ink.
Beyond the soft insides of dates.
Beyond the mirror, something watches.
After it crawled into your bedroom on its haunches.
After you tore out most of your hair.
As our mothers take us to exorcists.
As tentacles slide out from beneath our skirts.
While the statistics show 1 in 3 girls, 1 in 5 boys.
While the holy man douses us with tahlil.
When the body remembers, it bucks wildly.
When we try to heal, the phantom smell returns.
While in the shower, you break down.
While you wash your body you realise it is not your body.
And at the same time, it is the only body you have.

Hooyo não está em casa

A PARTIR DE IDRA NOVEY

Quando tínhamos cinco, seis ou sete anos.
Quando a guerra em nossa terra era sem fim.
Enquanto nossas mães dormiam.
Enquanto nossos dentes de leite eram forçados a descer pela
[garganta.
Antes de Israfil entreabrir os lábios e soprar.
Antes de as aréolas se espalharem como tinta.
Além do interior macio das tâmaras.
Além do espelho, alguma coisa espreita.
Depois de aquilo ter entrado no seu quarto rastejando nas
[patas traseiras.
Depois de você arrancar a maior parte do seu cabelo.
Enquanto nossas mães nos levavam a exorcistas.
Enquanto os tentáculos deslizavam por baixo de nossas saias.
Enquanto as estatísticas mostram que uma em cada três
[meninas, um em cada cinco meninos.
Enquanto o homem santo nos esparge com tahlil.
Quando o corpo se lembra, ele sente um tranco brutal.
Quando tentamos nos curar, o cheiro fantasma volta.
Enquanto estamos no banho, desmoronamos.
Enquanto você lava o seu corpo, percebe que esse não é o
[seu corpo.
E, ao mesmo tempo, é o único corpo que você tem.

The Abubakr girls are different

The summer the Abubakr girls return home, we sit
in a circle by the apple tree
in their mother's garden.

All five of them seem older. Amel's hardened nipples push
through the paisley of her blouse, minarets
calling men to worship.

Daughter is synonymous with traitor,
their father mutters
in his sleep.

Before they left, we were the same, our bird chests clinking,
long skirted-figurines waiting to grow
into our hunger.

One of them pushes my open knees closed. Sit like a girl.
I finger the hole in my shorts,
shame warming my skin.

Juwariyah, my age, leans in and whispers
I started my period.

As meninas Abubakr estão diferentes

No verão em que as meninas Abubakr voltaram para casa,
[nos sentamos
em círculo perto da macieira
no jardim da mãe delas.

Todas as cinco pareciam mais velhas. Os mamilos de Amel
[saltavam
sob a estampa da blusa, minaretes
chamando homens à adoração.

Filha é sinônimo de traidora,
o pai delas murmura
enquanto dorme.

Antes de elas partirem, éramos iguais, nossos peitos retos
[estalavam,
bonecas com longas saias esperando para crescer
ao encontro da nossa fome.

Uma delas fecha as minhas pernas abertas. *Senta que nem moça.*
Enfio o dedo no buraco do meu short.
A vergonha esquentando minha pele.

Juwariyah, que tem minha idade, se inclina e sussurra
Eu fiquei menstruada.

Her hair is in my mouth when I try to move in closer,
How did it feel?

After the procedure, the girls learn how to walk again, mermaids
with new legs, soft knees buckling under
their raw, sinless bodies.

We lie in bed beside each other, holding mirrors
to the mouths of our skirts,
comparing wounds.

O cabelo dela entra na minha boca quando tento chegar mais
[perto,
E como foi?

Depois do procedimento, as meninas aprendem de novo a
[andar, sereias
com pernas novas, joelhos macios envergando sob
corpos frescos e sem pecado.

Deitadas na cama lado a lado, seguramos espelhos
sob a abertura das nossas saias,
comparando feridas.

Bless this school for girls

Falis taught us more about our bodies
than we'd ever glean from the curriculum;
periods, uterus contractions, early symptoms
of cysts, signs of infertility, abortions and where
they were punishable by death, miscarriage—
how long it took to pass the clots and why
you shouldn't flush as a reflex. Our lady of red
rags— bless her— no one ever thought to ask
how or why she knew these things.

Bendita seja essa escola para moças

Falis nos ensinou mais sobre nossos corpos
do que jamais poderíamos aprender na grade curricular;
menstruação, contrações do útero, os primeiros sintomas
de cistos, sinais de infertilidade, abortos e os lugares onde
eles são punidos com a morte, abortos espontâneos —
quanto tempo leva a passagem dos coágulos e por que
não ceder ao reflexo de puxar a descarga. Nossa dama de
[trapos
vermelhos — bendita seja ela —, ninguém nunca pensou em
[perguntar
como ou por que ela sabia essas coisas.

Bless hooyo's kohl rimmed eyes

We were obsessed, in orbit, gazing
as she ground galena into dust, rimming
her eyes with darkness, no reflective
surface necessary, Allah guiding her hand
steady as the dead. We spent our youth
watching her drag stibnite through pink
flesh of lacrimal papilla, our tearless wonder,
standing over uunsi with legs parted,
smoke at her ankles. At school we'd
mimic, pouting, lining our bright eyes with borrowed
4B pencils. The boys would see us and whisper Witch
to which our heads would tip, like synchronised
swimmers, cackling as our uvulas fluttered.

Benditos sejam os olhos delineados da hooyo

Ficávamos obcecadas, em órbita, o olhar fixo
enquanto ela transformava a galena em pó, delineando
seus olhos com escuridão, sem que um espelho
fosse necessário, Alá guiando sua mão
tão inabalável quanto os mortos. Passamos nossa juventude
assistindo-a deslizar a estibinita pela carne
rosa da papila lacrimal, nosso fenômeno sem lágrimas,
de pé, as pernas afastadas e a fumaça de
uunsi subindo pelos tornozelos. Nós a imitaríamos
na escola, delineando nossos olhos brilhantes com lápis
4B emprestados. Os meninos iriam nos ver e sussurrar *Bruxa*,
ao que nossa cabeça se inclinaria, como nadadoras
sincronizadas, gargalhando enquanto nossa úvula vibrava.

Bless the sharmuto

My sister soaps between her legs, her hair a prayer of curls.
It's 4 A.M. and she winks at me, bending over the sink,
small breasts bruised from sucking, gap-tooth smile,
popping her gum before saying— don't forget,

boys are haram.

Some nights we hear her in her room screaming.
The adults play Surah Al-Baqarah to drown her out.
Anything that leaves her mouth sounds like sex,
our mother has banned her from saying God's name.

Bendita seja a sharmuto

Minha irmã ensaboa entre as pernas, seus pelos são uma
[prece entre cachos.
São quatro da manhã e ela pisca pra mim enquanto se
[debruça sobre a pia,
os pequenos seios marcados pela sucção, os dentes separados
[sorriem,
ela estoura o chiclete antes de dizer — *não se esqueça,*

rapazes são haram.

Em algumas noites nós a ouvimos gritando em seu quarto.
Os adultos escutam a sura Al-Baqarah para abafar a voz dela.
Tudo o que sai de sua boca soa como sexo,
nossa mãe a proibiu de dizer o nome de Deus.

Bless the moon

Forgive us, we blamed you
for floods, for the flush of blood,
for men who are also wolves, even
though you could pull the tide in
by her hair, we tell everyone
we walked all over you. We
blame you for the dark, as if you had
a choice, performing just beyond
the glass, distant and adored,
near but alone, cold and unimaginable
following us home. We use you
to see our blue bodies beneath
your damp light, we let you watch,
swollen against the glass as we move
against one another like fish.

Bendita seja a lua

Perdoe-nos, nós te culpamos
pelas inundações, pelo fluxo de sangue,
pelos homens que são também lobos, embora
você seja capaz de erguer a maré
pelos cabelos, nós dizemos a todos
que caminhamos sobre você. Nós
te culpamos pela escuridão, como se você tivesse
escolha, atuando logo atrás
do vidro, distante e adorada,
próxima, mas sozinha, fria e inimaginável,
seguindo-nos até em casa. Nós te usamos
para enxergar nossos corpos azuis sob
sua luz úmida, te deixamos assistir,
enorme contra o vidro, enquanto nos debatemos
uns contra os outros, como peixes.

The babysitters club

To be baptised Tiffany,
Kimberly, a child dreaming
in the language of white suburbia,
praying at Clarissa's wide bay windows,
fading into another life, stitching
my body into the body of Home-
coming Queen, rising, stretching
my white body, in my white underwear,
sprawled on white sheets, the white light
of the sun shining through white linen
drapes, beyond which white clouds
are punctured by a white god
stretching his white arm from
out a white sky, while a white
limousine waits at my door.

O clube das babás

Ser batizada com o nome Tiffany,
Kimberly, uma criança sonhando
na língua do condomínio branco,
rezando nas amplas janelas vitorianas de Clarissa,
se dissipando em outra vida, bordando
meu corpo no corpo da Rainha
do Baile, despontando, esticando
meu corpo branco, com minha calcinha branca,
se espreguiçando em lençóis brancos, a luz branca
do sol brilhando através de cortinas brancas
de linho, por detrás das quais nuvens brancas
são perfuradas por um deus branco
esticando seu braço branco que vem
de um céu branco, enquanto uma limusine
branca me espera na porta.

Trichotillomania

We found something crouching behind your bed,
it grunted when approached, sang a severed song,
a dead thing clinging to life, a mass of knots,
born of fibre, torn from blood vessels, dry to the touch.

When it stood, it was the height of a shrill scream,
we asked its name, it said your name.

In the garden we set fire to it, it burned quickly,
made a neonatal sound, left behind the perfume
of scorched sulphur. Was it yours?

Tricotilomania

Encontramos uma coisa encolhida atrás de sua cama,
ela grunhiu quando nos aproximamos, cantou uma canção
[entrecortada,
uma coisa morta que se agarrava à vida, uma massa de nós,
composta de fibras, arrancada das veias, seca ao toque.

Quando se ergueu, tinha a dimensão de um grito agudo,
perguntamos o nome dela, ela disse o seu nome.

Nós a incendiamos no jardim, ela queimou rapidamente,
fez um som primitivo, deixou para trás o perfume
de enxofre queimado. Era sua?

Bless this house

Mother says there are locked rooms inside all women.
Sometimes, the men— they come with keys,
and sometimes, the men— they come with hammers.

Nin soo joog laga waayo, soo jiifso aa laga helaa,
A man who won't listen to words, will listen to action.
I said Stop, *I said* No *and he heard nothing.*

Perhaps she has a plan, perhaps she takes him back to hers.
Perhaps he wakes up hours later in a bathtub full of ice,
dry mouth, flinching at his new, neat incision.

I point to my body and say Oh, this old thing? No, I just slipped
[it on.

Are you going to eat that? *I say to my mother, pointing*
to my father on the dining room table, mouth stuffed with a red apple.

The bigger my body is, the more locked rooms I find. The more
men queue at the door. Ahmed didn't push it all the way in, I
still think about what he could have opened up inside of me. Ali

Bendita seja essa casa

Minha mãe diz que dentro de toda mulher existem cômodos
[trancados.
Às vezes os homens — eles trazem chaves,
e às vezes os homens — eles trazem martelos.

Nin soo joog laga waayo, soo jiifso aa laga helaa,
Um homem que não escuta as palavras entenderá as ações.
Eu disse *Pare*, eu disse *Não*, e ele não ouviu nada.

Pode ser que ela tenha um plano, pode ser que o leve de volta
[com ela.
Pode ser que ele acorde horas mais tarde numa banheira
[cheia de gelo,
a boca seca, estremecendo diante de sua nova e perfeita
[cicatriz.

Aponto para o meu corpo e digo *Ah, isso aqui? Imagina, vesti*
[correndo.

Você vai comer isso aí? Pergunto pra minha mãe, apontando
para o meu pai, servido na mesa com uma maçã vermelha na
[boca.

Quanto maior meu corpo, mais cômodos trancados eu
encontro. Mais homens se enfileiram na porta. Ahmed não
forçou a entrada até o fim, e eu ainda penso em tudo que
ele poderia ter inaugurado dentro de mim. Ali hesitou por

hesitated at the door for three years. Johnny with the blue eyes
came with a bag of tools he'd used on other women: one hairpin,
a bottle of bleach, a switchblade and a jar of Vaseline. Yusuf
called out God's name through the keyhole and no one answered.
Some begged, some climbed up the side of my body like moss looking
for a way in. Some said they were on their way and never came.

Show us on the doll where you were touched, *they said.*
I said I didn't look like a doll, I looked more like a house.
They said Show us on the house.

Like this: two fingers down the drain.
Like this: a fist through the drywall.

My first found a trapdoor in my armpit, he fell in, hasn't been seen
[since.
Once in a while I feel a quickening, something small crawling up.
I might let him out. Maybe he's met the others— males
missing from cities or small towns and pleasant mothers,
who tricked and forced their way in.

Knock knock.
Who's there?
No one.

At parties I point to my body and say
Oh, this old thing? This is where men come to die.

três anos na porta. Johnny, o dos olhos azuis, chegou com
a caixa de ferramentas que ele costumava usar com outras
mulheres: um grampo de cabelo, uma garrafa de alvejante,
um canivete e um pote de vaselina. Yusuf chamou por
Deus pela fechadura, e ninguém respondeu.
Alguns imploraram, alguns me escalaram como hera
buscando uma entrada. Alguns disseram que estavam a
caminho e nunca chegaram.

Mostre pra gente, aqui na boneca, onde te tocaram, eles dizem.
Eu não sou uma boneca, eu sou mais como uma casa, eu digo.
Eles dizem: *Então mostre na casa.*

Assim: dois dedos descendo pela calha.
Assim: um punho atravessando a parede.

Meu primeiro achou um alçapão embaixo da minha axila,
[caiu e ninguém nunca mais o viu.
De vez em quando sinto um chute, algo bem pequeno se
[arrastando por aqui.
Eu provavelmente o deixaria sair. Talvez ele tenha
[encontrado os outros — homens
que sumiram de cidades grandes ou do interior, de mães
[simpáticas,
que fizeram coisas erradas e forçaram a entrada.

Toc-toc
Quem é?
Ninguém.

Nas festas eu aponto para o meu corpo e digo
Ah, isso aqui? É onde os homens vêm para morrer.

Angela Bassett burning it all down

That year, the wives in my family packed secret suitcases,
eyed the front door, fumbled with lighter fluid.

One stabbed her man in the groin, said
the look of disbelief in his eyes made it worth it.

Bitches' Hysteria *the men called it.*
Natural response *the women named it.*

Mother did not snap, instead she stretched, watching yeast ferment,
instead she busied herself with the process of preserving meat.

For years I've watched from the corner of my eye,
willing her to burn it all down.

In 1995, the film Waiting to Exhale *was released on VHS.*

Angela Bassett ateando fogo em tudo

Naquele ano, as esposas da minha família fizeram as malas
[escondidas,
com um olho na porta de entrada, atrapalhadas com o
[líquido inflamável.

Uma apunhalou seu homem na virilha, disse
que o olhar incrédulo dele fez valer a pena.

Histeria de vagabundas, era como os homens chamavam.
Resposta natural, foi o nome que as mulheres deram.

Minha mãe nem se mexeu, em vez disso se alongou, vigiando
[a fermentação.
Em vez disso, se ocupou com o processo de conservação da
[carne.

Por anos eu a observei de canto de olho,
desejando que ela ateasse fogo em tudo.

Em 1995, o filme *Falando de amor* foi lançado em VHS.

Bless the blood

Sofia used pigeon blood on her wedding night.
Next day, over the phone, she told me
her husband smiled when he saw the sheets,

how he gathered them under his nose,
closed his eyes and dragged his tongue over the stain.
She mimicked his baritone, how he whispered

her name— Sofia,
pure, chaste, untouched.
We giggled over the static.

After he praised her, she smiled, rubbed his head,
imagined his mother back home parading blood-
soaked sheets through the town,

waving at balconies, swollen with pride,
arms fleshy wings bound to her body,
ignorant of flight.

Bendito seja o sangue

Sofia usou sangue de pombo em sua noite de núpcias.
No dia seguinte, por telefone, me contou
que seu marido sorriu quando viu os lençóis

e como ele os apertou sob o nariz,
fechou os olhos e deslizou a língua pela mancha.
Ela imitou a voz grave dele, como ele sussurrou

o nome dela — Sofia,
pura, casta, intocada.
Gargalhamos por cima do ruído da ligação.

Depois que ele a enalteceu, ela sorriu, acariciou sua cabeça,
imaginou a mãe dele exibindo lençóis encharcados
de sangue por toda a cidade,

acenando para as sacadas, inflada de orgulho,
braços carnudos ligados ao corpo como asas
que nada sabem sobre o voo.

Buraanbur

The woman in the centre whirls until the whites of her eyes shine, spinning endlessly inside a swarm of women who all resemble her mother. Her silk garbasaar falls exposing tight black curls, her earrings snap away tearing through both lobules, her skin is covered in beads of sweat, glitter scattered across her face like ghost ants. The women form a tighter circle around her flailing body, clapping until something comes loose, comes undone, until something makes itself known. Her molars are paved in gold, kohl bleeding down her cheeks. The women clap until they see tufts emerge from her shoulder blades. The women chant ii kacay, dhiigaa ii kacay, it's rising, the blood is rising. *Bless the catheter sting of womanhood. She begins to blur, almost breaking into light, her foot a beak hammering the ground, a thousand inkaar erased. Adorned in gold, my mother the child bride sits to the side, unsmiling, unbreathing.*

Buraanbur

A mulher no centro gira até o branco de seus olhos brilhar, rodopiando sem parar dentro de um enxame de mulheres que se parecem com a mãe dela. Seu garbasaar de seda cai, mostrando cachos negros estreitos, seus brincos rasgam os lóbulos das orelhas, sua pele está coberta de gotas de suor, o brilho se espalha pelo rosto como formigas fantasmas. As mulheres estreitam o círculo em torno do seu corpo frenético, batendo palmas até que algo se solte, se desfaça, até que algo se revele. Seus molares são cobertos de ouro, o delineador escorre como sangue por suas bochechas. As mulheres batem palmas até verem tufos brotando de suas escápulas. As mulheres entoam *ii kacay, dhiigaa ii kacay, está subindo, o sangue está subindo*. Bendita seja a fisgada do cateter da mulheridade. Ela começa a se tornar um borrão, quase se transformando em luz, seus pés martelam o chão, milhares de inkaar se dissipam. Adornada em ouro, minha mãe, a noiva criança, está sentada logo ao lado, sem sorrir, sem respirar.

TESTAMENTO

TESTAMENT

To swim with God

We're practising back strokes at the local swimming pool
when I think of Kadija, how her body must've felt
as it fell from the twenty-fourth floor.

The instructor tells us the longest
a human being has held their breath underwater
is 22 minutes and 22 seconds. At home in the bath,
my hair swells to the surface, I stay submerged
until it burns, I think of everything I let slip through my fingers.

Inna lillahi Wa inna ilayhi Rajioon.

Hooyo says no one can fight it—
the body returning to God,
if it must, your body will leave without you.

To land face first, wearing a white cotton baati
hair untied and smoked with uunsi:
did Kadija believe she would float?

Nadar com Deus

Estamos treinando nado de costas na piscina do clube
quando penso em Kadija, como seu corpo deve ter se sentido
caindo do vigésimo quarto andar.

O instrutor nos conta que o maior tempo
que um ser humano conseguiu ficar sem respirar debaixo
[d'água
foi 22 minutos e 22 segundos. Em casa, na banheira,
meu cabelo sobe até a superfície, eu fico submersa
até queimar e penso em tudo o que deixei escapar por entre
[os dedos.

Inna lillahi Wa inna ilayhi Rajioon.

Hooyo diz que ninguém pode lutar contra isso —
o retorno do corpo para Deus,
se preciso for, seu corpo irá partir sem você.

Uma vez que caiu com o rosto virado para o chão,
vestindo um baati de algodão branco,
cabelos soltos e defumados com uunsi:
será que Kadija acreditava que iria boiar?

Her blue body full of light

Can you believe I have cancer? *Yosra asks,*
a mug of tea between her hands,
almost laughing, hair cut close to her scalp.
I imagine the cancer auditioning
inside her body, tiny translucent slivers
of light weaving in and out of her abdomen
and uterus, travelling up and through her throat,
needle points of light, fireworks glimmering down, the body
burning into itself, deep sea blue inside
her body, her ribcage an aquarium,
the cancer spreading and spreading, deep space,
her throat a lava lamp, sparklers beneath breastbone—
a light show, a million tiny jellyfish, orchestral womb,
kaleidoscopic ovaries, disco ball heart,
her skin glowing and glowing,
lit from within.

Seu corpo azul e cheio de luz

Dá pra acreditar que estou com câncer? pergunta Yosra,
com uma caneca de chá entre as mãos,
quase rindo, o cabelo cortado muito curto.
Imagino o câncer ensaiando
no interior de seu corpo, pequenos estilhaços translúcidos
de luz perpassando o abdome
e o útero, subindo e descendo sua garganta,
pontos afiados de luz, fogos de artifício cintilando, o corpo
queimando a si mesmo, o azul profundo do mar dentro
do corpo dela, um aquário nas costelas,
o câncer se espalhando, se espalhando, o espaço profundo,
uma luminária de lava na garganta, faíscas sob o esterno —
um espetáculo luminoso, um milhão de medusas mínimas,
[uma orquestra no ventre,
ovários caleidoscópicos, um globo espelhado no peito,
a pele dela brilhando, brilhando,
acesa por dentro.

Bless our blue bodies

I have dreamed of you suspended
in amniotic fluid, your hair fanned
out and alive, long again, before the cancer.
Undying, our movements synchronised,
us, tied together at the navel,
umbilical cord and all its length tugging
at me, far as it might extend. Gregory Porter climbing
through there will be no love that's dying
here— *his voice, and how it soothes you from*
beyond the distant wall of this maybe womb,
the faint rhythm of a larger heart
above.

Benditos sejam nossos corpos azuis

Sonhei com você boiando
em líquido amniótico, seu cabelo se espalhando
vivo, comprido outra vez, como antes do câncer.
Eternos, nossos movimentos eram sincronizados,
nós duas juntas, atadas pelo âmago,
o cordão umbilical te ligando a mim, tenso
em toda a extensão que poderia se estender. Gregory Porter
invade num crescente — *there will be no love that's dying*
here — a voz dele, como ela te acalma, vinda de além
da parede distante de um possível ventre,
o ritmo tênue de um coração maior
acima de nós.

Earth to Yosra

Come in, can you hear
me? I still dream of you
every night since, in these
dreams I pick up the phone
to call you, Earth to Yosra.

Is death a gauzy dream,
can you see us?
Is it scientific, deep
space, deep sea? Are you
alright? Remember
when we'd eat chips
soaked in vinegar at pebble
beach, my fingers in your hair,
wrapping strands around
my index finger, over and
over, watching the water do
what only the water can.

Earth to Yosra,
Yosra to Earth.

Terra para Yosra

Entra, você consegue
me ouvir? Ainda sonho contigo
todas as noites desde então. Nesses
sonhos eu pego o telefone
para te ligar, Terra para Yosra.

A morte é um sonho nebuloso?
Dá para você nos ver?
É científico, é o espaço
profundo, o mar profundo? Você está
bem? Lembra
quando comíamos batatas fritas
cobertas com molho de vinagre na praia
de seixos, meus dedos no seu cabelo,
enrolando sem parar
cachos em volta
do meu indicador,
assistindo à água fazer
aquilo que só a água sabe fazer.

Terra para Yosra,
Yosra para Terra.

Victoria in Illiyin

Our Victoria growing gills in paradise, arms outstretched
in joy, wading in rivers of warm milk, swimming with the lost
babies of Eden, back strokes in the streams of heaven.
Our Victoria, gently carried out of the water on the shoulders
of angels, tenderly placed on the upturned palm of God.
Blessings to our sweet Victoria, rewarded with 72 devoted mothers
who delicately dry her small body with wool softer than skin.

Victoria Climbié (1991-2000) was an Ivorian child raised away from her parents by extended family. She was tortured and murdered by her great-aunt and great-aunt's boyfriend in a London flat. She died aged 8 with 128 injuries on her body.

Victoria no Illiyin

Nossa Victoria criando guelras no paraíso, com os braços
[abertos
de alegria, atravessando rios de leite morno, nadando com os
[bebês
perdidos do Éden, dando braçadas nas correntezas do céu.
Nossa Victoria suavemente levada para fora da água nos
[ombros
dos anjos, disposta com ternura sobre a palma de Deus.
Abençoada seja nossa doce Victoria, recompensada com 72
[mães devotas
que com delicadeza secam seu pequeno corpo com uma lã
[mais macia que a pele.

Victoria Climbié (1991-2000) foi uma criança marfinense criada por familiares distantes, longe dos pais. Ela foi torturada e assassinada pela tia-avó e pelo namorado desta num apartamento em Londres. Morreu aos oito anos de idade, com 128 ferimentos no corpo.

Grief has its blue hands in my hair

She sleeps all day,
dreams of you in both worlds,
tills the blood in and out of her uterus,
wakes up smelling of zinc.

Grief sedated by orgasm,
orgasm heightened by grief.

God was in the room
when the man said to the woman
I love you so much wrap your legs
around me pull me in pull me in pull
me in pullme in pull mein
pullmein.

It smelled like flowers the last time she
buried the friend with the kind eyes.
The last time she buried her face
into his mattress, frangipani.

Her hips grind,
pestle and mortar,
cinnamon and cloves.
Whenever he pulls out:
loss.

O luto põe as mãos azuis nos meus cabelos

Ela dorme o dia inteiro,
sonha com você nos dois mundos,
cultiva o sangue dentro e fora do seu útero,
acorda cheirando a zinco.

Luto anestesiado pelo orgasmo,
orgasmo intensificado pelo luto.

Deus estava no quarto
quando o homem disse para a mulher
eu te amo tanto me enlaça com as tuas
pernas me puxa pra dentro me puxa pra
dentro mepuxa pradentro
mepuxapradentro.

Havia um cheiro de flores na última vez que ela
enterrou a amiga de olhos doces.
Na última vez que ela enterrou o rosto
no colchão dele, era jasmim.

Os quadris dela rangem,
pilão e socador,
cravo e canela.
Sempre que ele sai:
vazio.

Bless the gun tossed into a river

AFTER 'FREEDOM OF LOVE' BY ANDRÉ BRETON

My brother with a fistfight for a mouth,
with teeth a row of innocent men waiting to die,
with fingers of lit spliff s sparking amber.

My brother with the throat of a gun tossed into a river,
and a bag of ice for a father, skin the colour of a
Crimewatch *reconstruction, a tongue of prolonged grief.*

My brother with the heart of a knife dashed into the river,
with teeth capped like the life spans of his closest friends,
with the manic laughter of a fever dream.
My brother

with eyes like gashes bleeding in the dark,
whose prison letters I memorised like surah,
like song.

Bendita seja a arma atirada no rio

A PARTIR DE "A UNIÃO LIVRE", DE ANDRÉ BRETON

Meu irmão com um soco no lugar da boca,
os dentes, uma fila de inocentes à espera da morte,
os dedos como baseados acesos faiscando em âmbar.

Meu irmão com garganta de arma atirada no rio,
tendo um saco de gelo como pai, a pele da cor de uma
reconstituição do *Linha Direta*, a língua de luto prolongado

Meu irmão com coração de faca atirada no rio,
com dentes curtos como a expectativa de vida dos seus
[amigos,
com o riso maníaco de um sonho febril.
Meu irmão

com olhos como cortes sangrando na escuridão,
cujas cartas enviadas da prisão decorei como sura,
como canção.

Barwaaqo

Hooyo is young again
breath of sweet guava
oud-scented, turmeric
glow, soft as ripe mango,
reclining on rooftops of silk,
desert flowers tucked in her hair,
Killer singing softly about love and fate,
mist draped over her bare, brown knees,
a war-mottled future blown away into space.

Barwaaqo

Hooyo é jovem de novo,
aroma de incenso
de goiaba doce, brilho de
cúrcuma, maciez de manga madura,
reclinada em toldos de seda
flores do deserto em seu cabelo,
Killer canta baixinho o amor e o destino,
a neblina adorna a nudez marrom de seus joelhos,
um futuro maculado pela guerra desaparece no espaço.

Bless Grace Jones

Holy Mother of those deemed intimidating,
patron saint of the unapproachable,
saviour of those told to soften their expression.

Our lady of uncomfortable silences,
Dame Grace Jones, your daughters
(damn their insomnia) turn in their dreamless sleep,
a legion of women flinching at touch.
Fortify them.

Monarch of the last word,
darling of the dark, arched brow,
we bless you, queen of the cut eye.

We lay our burdens at your feet,
careful not to weigh you down,
from you, we are learning
to put ourselves first.

Bendita seja Grace Jones

Divina Mãe daquelas tidas como intimidadoras,
santa protetora das inacessíveis,
salvadora das que ouviram que deviam suavizar a expressão.

Nossa diva dos silêncios desconfortáveis,
Lady Grace Jones, suas filhas
(maldita seja a insônia delas) se contorcem num sono sem
[sonhos,
uma legião de mulheres estremecendo ao toque.
Dê força a elas.

Monarca da última palavra,
eleita da escuridão, fronte arqueada,
nós a louvamos, rainha do olhar enviesado.

Oferecemos nossos fardos aos teus pés,
com cuidado para não te deixar sobrecarregada,
com você estamos aprendendo
a nos colocar em primeiro lugar.

Nail technician as palm reader

The nail technician pushes my cuticles
back, turns my hand over,
stretches the skin on my palm
and says, I see your daughters
and their daughters.

That night, in a dream, the first girl emerges
from a slit in my stomach. The scar heals
into a tight smile. The person I love pulls
the stitches out with their fingernails, black sutures
curling on the side of the bath.

I wake as the second girl crawls
head first up my throat—
a flower, blossoming
out of the hole in my face.

A manicure como quiromante

A manicure empurra minhas cutículas,
vira minha mão,
estica a pele da palma
e diz: eu vejo suas filhas
e as filhas delas.

Naquela noite, num sonho, a primeira menina emerge
de um corte no meu ventre. A cicatriz se fecha
como um sorriso apertado. A pessoa que eu amo puxa
os pontos com as unhas, suturas negras
se enroscando ao lado da banheira.

Acordo enquanto a segunda menina se arrasta
pela minha garganta, a cabeça sai primeiro —
uma flor brotando
do buraco do meu rosto.

Acknowledgements

Eternal gratitude to Jacob Sam-La Rose, Nii Ayikwei Parkes, Samar Hammam, Clara Farmer, Caitlin McKenna, Parisa Ebrahimi, Deborah Sun de la Cruz, Bernardine Evaristo, Nathalie Teitler, Kwame Dawes, Patience Agbabi, Kadija George, Pascale Petit, Nick Makoha, Malika Booker, Paola Splendore, Naomi Woddis, Leyla Jeyte, Roger Robinson, Saharla Abdulkarim, Karen McCarthy Woolf, Terrance Hayes, Ladan Abdirahman, Martha Adams, Inua Ellams, Be Ogunsanya, Kayo Chingonyi, Sheila Ruiz, Teju Cole, Mukhtara Yusuf, Nahel Tzegai, Effi Ibok, Bahia Watson, Beyoncé Knowles-Carter, Yvette Noel-Schure, Kwasi Fordjour, Yosra El-Essawy and Yomi Sode.

Infinite love to my family and friends for their relentless support. To my husband, thank you for your love which has strengthened me. To my children, thank you for illuminating my world. My life is filled with joy because of you.

Agradecimentos

Minha eterna gratidão a Jacob Sam-La Rose, Nii Ayikwei Parkes, Samar Hammam, Clara Farmer, Caitlin McKenna, Parisa Ebrahimi, Deborah Sun de la Cruz, Bernardine Evaristo, Nathalie Teitler, Kwame Dawes, Patience Agbabi, Kadija George, Pascale Petit, Nick Makoha, Malika Booker, Paola Splendore, Naomi Woddis, Leyla Jeyte, Roger Robinson, Saharla Abdulkarim, Karen McCarthy Woolf, Terrance Hayes, Ladan Abdirahman, Martha Adams, Inua Ellams, Be Ogunsanya, Kayo Chingonyi, Sheila Ruiz, Teju Cole, Mukhtara Yusuf, Nahel Tzegai, Effi Ibok, Bahia Watson, Beyoncé Knowles-Carter, Yvette Noel-Schure, Kwasi Fordjour, Yosra El-Essawy e Yomi Ṣode.

Amor infinito à minha família e aos meus amigos pelo apoio incondicional. Para o meu marido, obrigada por seu amor, que me fortaleceu. Aos meus filhos, obrigada por iluminarem o meu mundo. Minha vida é repleta de alegria por causa de vocês.

Nota da tradução

Ao longo do livro, a autora faz referências a artistas e produções musicais e audiovisuais diversas. Títulos e versos de músicas, por exemplo, não foram traduzidos. Em "Menina no extremo" (p. 13), é reproduzido o primeiro verso da canção "I will survive", canção de Gloria Gaynor lançada nos anos 1970. O título do poema "My loneliness is killing me" (p. 21) consta do refrão do primeiro sucesso da cantora Britney Spears, "... Baby one more time", lançado em 1999. "This is not a love song", título da segunda seção do livro, é o nome de uma música lançada em 1983 pela banda britânica Public Image Ltd. Em "Benditos sejam nossos corpos azuis" (p. 119), são citados um trecho da música "No love dying", lançada em 2013, e o nome de seu compositor e intérprete, o norte-americano Gregory Porter. "O Clube das Babás", que dá título ao poema à p. 99, é uma série de livros de autoria de Ann M. Martin publicada entre 1986 e 2000. *Absolutamente Fabulosas* que batiza o poema à p. 65, é uma série de televisão britânica que foi ao ar entre 1992 e 1995, com episódios especiais lançados posteriormente, entre 2001 e 2011. "Bendita seja Grace Jones" (p. 131) é uma homenagem à modelo, cantora e atriz jamaicana. "Você tem medo do escuro?" (p. 53) faz referência ao seriado "Are You Afraid of the Dark?", traduzido no Brasil como "Clube do Terror". "Joyride" é o título de um álbum e de uma música homônima da banda Roxette. Nesta edição, foi traduzido como "Rolê" (p. 75).

Os termos somalis foram mantidos sem itálico no texto, como na edição original.

Glossário

Aabo: pai.
Abti: tio.
Alhamdulillah: "glória a Deus".
Ayeeyo: avó.
Azrael: o anjo da morte.
Baati: vestido somali usado em casa.
Bakaaraha: mercado de rua em Mogadíscio.
Barwaaqo: utopia.
Buraanbur: forma poética tradicional composta por mulheres somalis. É acompanhada de dança e percussão, e performada como celebração.
Caaba: construção que fica no centro da Grande Mesquita de Meca e representa a casa de Deus.
Dahabshiil: maior empresa africana de transferência financeira, de propriedade somali.
Diraac: vestido somali de seda.
Duaa: oração para Deus.
Estibinita: mineral cujo pigmento é usado para fazer um tipo de delineador chamado *kohl*.
Garbasaar: lenço somali de seda.
Haram: proibido.
Hooyo: mãe.
Iftiin: luz brilhante.
Il: olho maligno na cultura somali.
Illiyin: paraíso supremo, nível mais alto do céu.
Inkaar: maldição.
Inna lillahi Wa inna ilayhi Rajioon: "a Deus pertencemos, a Deus retornamos".

Isku xishood: "crie vergonha".

Israfil: o anjo que toca a trombeta como sinal do dia do julgamento.

Istagfirullah: "Deus me perdoe".

Killer: Ahmed Shariif Killer, cantor somali.

Maghrib: oração do crepúsculo.

Magool: Xalimo Khaliif Magool, musicista somali.

Praia de Jazeera: praia em Mogadíscio, capital da Somália.

Qaxwo: café somali com especiarias.

Qibla: a direção para a qual se deve estar voltado nas orações.

Qumayo: pessoa cruel.

Salaams: saudações islâmicas.

Hassan Aden Samatar: músico somali.

Sharmuto: vadia.

Soo bari, aabo: "boa noite, pai".

Sura: capítulo do Alcorão.

"Sura Al-Baqarah": capítulo do Alcorão lido para afastar o mal.

Tahlil: água aspergida depois de recitar versos do Alcorão.

Tricotilomania: transtorno caracterizado por uma vontade recorrente e irresistível de arrancar pelos do corpo.

Uunsi: incenso somali.

Walahi: "juro por Deus".

Índice de primeiros versos

Sobre a autora

Warsan Shire é uma escritora e poeta somali-britânica. Foi a vencedora da primeira edição do Brunel International African Poetry Prize e a primeira jovem poeta laureada de Londres; é autora de duas plaquetes, *Teaching My Mother How to Give Birth* e *Her Blue Body*. É a poeta mais jovem a fazer parte da Sociedade Real de Literatura e foi incluída na série Penguin Modern Poets, juntamente com Sharon Olds e Malika Booker. É autora dos poemas que fazem parte do álbum visual *Lemonade*, de Beyoncé, vencedor do Prêmio Peabody, e de *Black Is King*, em colaboração com a cantora. Também escreveu o roteiro do curta-metragem *Brave Girl Rising*, com narração de Tessa Thompson e David Oyelowo.

warsanshire.squarespace.com
Twitter: @warsan_shire
Instagram: @warsanshiree

ESTA OBRA FOI COMPOSTA POR ACOMTE EM MERIDIEN E IMPRESSA PELA GRÁFICA PAYM EM OFSETE SOBRE PAPEL PÓLEN BOLD DA SUZANO S.A. PARA A EDITORA SCHWARCZ EM JULHO DE 2022

FSC®
www.fsc.org
MISTO
Papel produzido a partir de fontes responsáveis
FSC® C133282

A marca FSC® é a garantia de que a madeira utilizada na fabricação do papel deste livro provém de florestas que foram gerenciadas de maneira ambientalmente correta, socialmente justa e economicamente viável, além de outras fontes de origem controlada.